BEI GRIN MACHT SICH IHR
WISSEN BEZAHLT

- Wir veröffentlichen Ihre Hausarbeit,
  Bachelor- und Masterarbeit

- Ihr eigenes eBook und Buch -
  weltweit in allen wichtigen Shops

- Verdienen Sie an jedem Verkauf

Jetzt bei www.GRIN.com hochladen
und kostenlos publizieren

Armutsrisiko und Einkommensverteilung in Deutschland. Aspekte für die Soziale Arbeit

Vanessa Baum

Bibliografische Information der Deutschen Nationalbibliothek:

Die Deutsche Nationalbibliothek verzeichnet diese Publikation in der Deutschen Nationalbibliografie; detaillierte bibliografische Daten sind im Internet über http://dnb.d-nb.de abrufbar.

ISBN: 9783346596062
Dieses Buch ist auch als E-Book erhältlich.

Das Buch bei GRIN: https://www.grin.com/document/1176381

Hochschule Hannover

University of Applied Science and Arts

Fakultät V

Referat

im Studiengang „Soziale Arbeit (berufsbegleitend)" 4. Semester

Armutsrisiko und Einkommensverteilung in Deutschland – Aspekte für die Soziale Arbeit

Modul 262: Einführung Sozialwirtschaft

vorgelegt von: Vanessa Baum

vorgelegt am: 23.12.2021

Inhalt

„In der EU gilt als arm, wer über so geringe materielle, kulturelle und soziale Mittel verfügt, dass eine Lebensweise, die im jeweiligen Mitgliedsland als Minimum hinnehmbar wäre, nicht möglich ist"

1. Einleitung

Bis in unsere heutige Zeit hinein zählt die Existenz der Armut zu den größten gesellschaftlichen Problemen. Über die Tatsache, dass es auch in reichen europäischen Wohlfahrtsstaaten Armut gibt und dass eine gesellschaftliche Teilhabe sowie ein Mindestmaß an sozialer Sicherung nicht für alle Menschen verwirklicht ist, besteht ein Konsens. Diese Tatsache existiert, obwohl in Europa ein vergleichsweise hoher und abgesicherter Lebensstandard im Vergleich zu vielen anderen Ländern herrscht (vgl. Böhnke 2002).

„Die Sozialwirtschaft ist ein intermediäres und hybrides Funktionssystem, in dem soziale Fragen und Probleme mit gemeinwohlorientierten Zielen nach ökonomischen, sozialen, politischen und zivilgesellschaftlichen Prinzipien bearbeitet werden" (Evers/Ebert 2010; Wendt 2015).

In dieser Arbeit geht es zunächst darum, herauszustellen, dass das Ziel der Sozialwirtschaft die individuelle und gemeinschaftliche Wohlfahrt ist. Sie bringt ökonomische und soziale Aspekte interdisziplinär zusammen und wird durch die Sozialgesetzgebung umgesetzt. Im Weiteren wird der Begriff der Armut erläutert und welche Bevölkerungsgruppen von ihr betroffen sind. Der Begriff des Armutsrisikos wird von verschiedenen Seiten beleuchtet und kritisch hinterfragt. Es folgt eine kurze Darstellung der Einkommensverteilung in Deutschland. Es ergibt sich die Frage, welche Aufgaben sich für die Soziale Arbeit aus der Zielsetzung der Sozialwirtschaft ergeben und welche praktischen Möglichkeiten zur Armutsbekämpfung diese beinhalten. Durch ein lebensnahes Beispiel aus eigener Berufspraxis wird das Ergebnis schließlich veranschaulicht.

1.1. Sozial und Wirtschaft, geht das eigentlich zusammen?

Die Sozialwirtschaft mag sowohl Sozialarbeitenden, Klient*innen und Beratenden oft wie eine Musikkapelle vorkommen, bei der man nicht immer sicher sein kann, wer oder wie viele gerade den Ton angeben. Gemeinschaftsbezogene, sozialstaatsbezogene sowie markt- und betriebswirtschaftliche Elemente konkurrieren und kooperieren in diesem Bereich miteinander. Manchmal erscheint es einem wie gewöhnungsbedürftiger Free Jazz, manchmal auch nur wie eine chaotische Kakophonie. Die Sozialwirtschaft stellt den intermediären Bereich der Wohlfahrtsproduktion dar und bietet mit ihren sozialen, personenbezogenen Dienstleistungen auch Vorteile, sofern diese gut kombiniert werden. In modernen Gesellschaften entwickelt sich dieser Bereich zum am stärksten wachsenden Arbeitsmarkt. Das grundlegende Organisationsprinzip von Gemeinschaft ist hier die Kooperation. Das Leitprinzip des Marktes hingegen ist die Konkurrenz. Der Sozialstaat hat die verfassungsgemäße Aufgabe, soziale, personenbezogene Dienstleistungen zur Daseinsvorsorge und –Fürsorge zu gewährleisten. Chancengleichheit, sozialer Ausgleich und Schutz vor sozialen Risiken sind Bereiche, für die auf Grundlage von Gesetzen gesorgt werden soll. Das primäre Handlungsmotiv innerhalb einer Gemeinschaft ist die Solidarität. Sofern die individuellen Möglichkeiten vorhanden sind, hilft man sich außerhalb eines Reziprozitätsprinzips gegenseitig, ohne die Erwartung einer Gegenleistung. Eine Marktsituation basiert dagegen auf dem Äquivalenzprinzip. Die Akteure schließen wechselseitige Verträge mit kaufkräftigen Kunden, mit dem Ziel, möglichst hohe Gewinne zu erzielen. Hier setzt der Sozialstaat an. Seine Aufgabe ist es, in diesem Gefüge die öffentliche Ordnung aufrecht zu erhalten, für sozialen Ausgleich und für Frieden zu sorgen. Bedürftigen werden dafür Leistungen gewährt, die auf Rechtsvorschriften basieren. Beispielsweise müssen Antragsteller ihre Bedürftigkeit nachweisen. Teilweise werden von politischen Instanzen auch präventive oder resozialisierende Maßnahmen verlangt, manchmal auch gegen den Willen der Adressat*innen. Dies kommt regelmäßig bei den Hilfen zur Erziehung (SGB VIII) oder den Hilfen zur Arbeit (SGB II) vor (vgl. Conen/Ceccin 2018 z. n. Vandenhoeck & Ruprecht Verlage 2019).

2. Armut

2.1. Definition Armut

„Armut bedeutet mehr als fehlendes Einkommen, um seinen*ihren Lebensunterhalt zu sichern. Armut zeigt sich in Hunger und Unterernährung oder im eingeschränkten Zugang zu Bildung. Armut bedeutet vor allem weniger Möglichkeiten für Menschen, ein menschenwürdiges Leben zu führen. Armut führt zu sozialer Diskriminierung, eingeschränkter sozialer und gesellschaftlicher Teilhabe und folglich sozialer Ausgrenzung" (Armut verletzt Menschenrechte / Amnesty International Österreich o. D.).

2.2. Wie definiert die Bundesregierung Armut?

Die Bundesregierung definiert den Begriff der Armut u. a. als einen Mangel an Teilhabechancen. Armut ist folglich abhängig vom Kontext, in dem eine Person lebt. Einerseits führen zwar fehlende finanzielle Ressourcen in eine unsichere Lebenssituation, andererseits stehen diese aber auch oft in Verbindung mit dem Mangel an gesellschaftlichen Teilhabemöglichkeiten und individuellen Ressourcen, Fertigkeiten und Fähigkeiten, die eine aktive Lebensgestaltung erst möglich machen. Der 7. Familienbericht definiert neben fehlendem Einkommen folgende zentrale Armutsdimensionen: die Ausgrenzung von einer bedarfsgerechten Gesundheitsversorgung, Bildung und Erziehung, ein fehlender Zugang zum Arbeitsmarkt und eine schlechte Wohnraumqualität (vgl. Dossier Bundesministerium für Familie, Senioren, Frauen und Jugend).

2.3. Armutsrisiko

Diejenigen, die in einem Haushalt mit einem Nettoäquivalenzeinkommen von weniger als 60 % des mittleren Nettoäquivalenzeinkommens leben, gelten als armutsgefährdet. Bei einer alleinlebenden Person lag diese Grenze im Jahr 2019 in Deutschland bei einem monatlichen Einkommen von 1.176 Euro. Für eine Familie mit zwei Kindern unter 14 Jahren wurden 2.469 Euro im Monat angesetzt. Aus Ergebnissen des Mikrozensus geht die Zahl der Erwerbstätigen in atypischen Beschäftigungsverhältnissen hervor. Diese Zahl bezieht sich auf Kernerwerbstätige. Darunter zählen Personen im Alter zwischen 15 bis 64 Jahren, die sich nicht in Bildung, Ausbildung oder einem Freiwilligendienst befinden. Diese Gruppe von atypisch Beschäftigten war in Deutschland überdurchschnittlich häufig von Armut bedroht. Der Anteil der von Armut bedrohten Arbeitnehmer*innen mit befristeten Arbeitsverträgen lag bei 15,8 Prozent. Teilzeitbeschäftigte lagen mit einer Quote von 12,8 Prozent ebenfalls deutlich über dem Gesamtdurchschnitt. Personen ab 65 Jahren, die durch eine zusätzliche Erwerbstätigkeit etwas zu ihrer Rente hinzuverdienten, lagen mit 15,4 Prozent unter der Armutsgefährdungsgrenze. Selbst junge Leute, die im Alter von 18 bis 24 Jahren gerade versuchen, sich beruflich zu etablieren, lagen mit 10,1 Prozent über dem Durchschnitt. Auch Erwerbstätige, die allein leben, waren mit 13,5 Prozent vermehrt armutsgefährdet. Alleinerziehende traf es besonders hart. 22,3 Prozent von ihnen lagen im Jahr 2019 unter der Armutsgefährdungsgrenze. Das Armutsrisiko bei Menschen mit Hauptschul- und ohne Berufsabschluss (35 Prozent) und bei Menschen mit Migrationshintergrund (29 Prozent) liegt besonders hoch (vgl. Pressemitteilung Nr. N 008 vom 28. Januar 2021 2021).

2.4. Armut messen

Da Armut von jedem anders empfunden wird, ist es schwierig, sie in messbare Parameter zu kategorisieren. Faktoren wie Hunger, Angst oder Krankheit sind kaum allgemeingültig bestimmbar. Aus diesem Grund orientieren sich die Staaten an allgemein akzeptierten Kriterien für die Definition von Armut und wer als arm gilt. Hier haben sich verschiedene Messansätze durchgesetzt. Die Weltbank legt die Kaufkraft des US-Dollars zugrunde und rechnet diesen in lokale Kaufkraft um. Demnach gilt ein Mensch als extrem arm, wenn er pro Tag weniger als 1,90 US-Dollar zur Verfügung hat. In Ländern außerhalb der USA bedeutet dies, dass ein Mensch extrem arm ist, wenn er in seinem jeweiligen Land nicht in der Lage ist, sich die Waren zu kaufen, die er in den USA für 1,90 US-Dollar bekommen würde. Dabei gilt die Grenze von 1,90 Dollar als ein Minimum an finanziellen Mitteln, die ein Mensch täglich braucht, um überleben zu können. In konkreten Zahlen bedeutete dies beispielsweise für das Jahr 2017, dass ca. 10 Prozent der Weltbevölkerung, das waren zu der Zeit rund 690 Millionen Menschen, in extremer Armut lebten. Die Umrechnung in die lokale Kaufkraft macht es möglich, die Armutsquoten international zu vergleichen (vgl. Armut o.D.).

In Deutschland lag die Quote der Menschen, die von Armut oder sozialer Ausgrenzung betroffen waren im Jahr 2018 bei 18,7 Prozent. Ein Indikator zur Messung relativer Einkommensarmut ist die Armutsgefährdungsquote. Sie bemisst sich nach dem bundesweiten Mittelwert der Äquivalenzeinkommen der Bevölkerung in Privathaushalten. In diesem Wert werden alle Personen erfasst, deren Äquivalenzeinkommen weniger als 60 Prozent dieses Mittelwertes beträgt. Das Äquivalenzeinkommen ist ein Wert, der sich nach dem Bedarf jedes einzelnen Mitgliedes eines Haushaltes richtet, um den Bedarf des gesamten Haushaltes zu ermitteln. Auf diese Weise wird es möglich, Haushalte verschiedener Größe zu vergleichen. Dabei wird die Summe der Einkommen aller Haushaltsmitglieder durch einen Wert dividiert, der anhand der "neuen OECD-Äquivalenzskala" bestimmt wird. Der Wert von 60 Prozent des mittleren bedarfsgewichteten Nettoeinkommens der Bevölkerung in Privathaushalten gilt hier als Armutsgrenze. Nach dem Stand von 2019 gilt in Deutschland jeder als armutsgefährdet, der weniger als 14.109 Euro im Jahr verdient (vgl. Rudnicka 2021). Dennoch geben diese Zahlen Aufschluss darüber, wo Ansatzpunkte der Sozialen Arbeit liegen könnten.

2.5. Kritik an der Bemessungsgrenze

Sowohl Analyse-Perspektive als auch über die Definition der konkreten Mess-Einheiten sind elementar für statistische Analysen und Erhebungen. Eine besondere Relevanz dieser Faktoren ergibt sich beim Thema der absoluten Armut. Die Interpretation von Armutsstatistiken können weitreichende Auswirkung auf politisches, wirtschaftliches und anderweitiges relevantes Handeln haben. Der Standardbetrag von 1,90 US-Dollar wurde 2011 von der Weltbank festgelegt und ist nach wie vor umstritten. Einer der Kritiker ist einer der weltweit bedeutendsten Wirtschaftsanthropologen, der Ökonom Jason Hickel von der London School of Economics. Die aktuelle Bemessungsgrenze von 1,90 US-Dollar sind für ihn unangebracht und nicht zeitgemäß. Ein würdevolles Leben mit gesunder Ernährung, sicherer Behausung und einer adäquaten Gesundheitsversorgung sei mit diesem Betrag vielerorts de facto gar nicht möglich, schreibt er in einem vielbeachteten Artikel. Alternativ schlägt er gemeinsam mit anderen Wissenschaftler*innen vor, diese Bemessungsgrenze auf einen Betrag zu erhöhen, der den gegenwärtigen Lebensstandard der meisten Menschen widerspiegelt. Konkret stellt er sich Werte zwischen 7,40 US-Dollar und 15 US-Dollar pro Tag als Bemessungsgrenze für extreme Armut vor. Im Falle eines Verbleibens auf dem Niveau von 1,90 US-Dollar prognostiziert er einen raschen, krachenden Misserfolg für die „Globale Erfolgsgeschichte". Ein anderer Kritikpunkt ist, dass sich die Bemessungsgrenze der Weltbank ausschließlich auf Geld als einzigen Indikator bezieht. Wissenschaftler*innen vom Entwicklungsprogramm der Vereinten Nationen und der "Oxford Poverty and Human Development Initiative" stellen fest, dass es darauf ankomme, in Zukunft weitere Indikatoren für eine gesamtheitliche Armutsanalyse einzubeziehen. Sie nennen unter anderem eine parallele Betrachtung von Gesundheitslage, Bildungschancen und allgemeinem Lebensstandard. In diesem Zusammenhang sprechen sie von „multidimensionaler Armut" (vgl. Höltgen 2021).

Ein weiterer Kritikpunkt liegt in der Relativität des Konzeptes, welches Armut nach einer Bemessungsgrenze bewertet. Wenn man genauer hinschaut, sind Menschen im reichen Deutschland nicht absolut arm. Eine Armut besteht lediglich im Verhältnis zu anderen hier lebenden Menschen. Zudem kommt es beim relativen Armutskonzept zu Messschwierigkeiten im Zusammenhang mit der Gewichtung der Haushaltseinkommen, Äquivalenzskalen und regionalen Kaufkraftdifferenzen. Die Frage, ob die Armut im Osten Deutschlands größer ist als im Westen, kann auf diese Weise beispielsweise nicht beantwortet werden. Das Hauptproblem bei der Anwendung der Armutsrisikoquote liegt darin, dass durch sie nicht die Armut gemessen wird, sondern die Ungleichheit. Der politische Ansatz liegt nicht in der Bekämpfung der sozialen Ungleichheit der Einkommen. Sie beschäftigt sich in ihrer Sozialgesetzgebung direkt mit „den Armen" bzw. mit der Bekämpfung von Armut.

Aufgrund dieser Erläuterungen wird nun deutlich, dass es unvermeidbar ist, sich mit der Frage zu beschäftigen, was Armut eigentlich ist. Davon hängt ab, mit welchen Mitteln man diese bekämpfen will (vgl. Sascha Günther 2015).

3. Einkommensverteilung

Zum Einkommen zählen alle Einnahmen eines privaten Haushaltes nach Abzug von Steuern und Sozialabgaben, inklusive Transferleistungen. Wie in Kapitel 2 bereits ausführlich dargelegt, können die verfügbaren Einkommen von Personen in Haushalten unterschiedlicher Größe und Zusammensetzung vergleichbar gemacht werden, indem sie unter Einbeziehung von Bedarfsgewichten in Äquivalenzeinkommen umgerechnet werden. Auf diese Weise kann die Verteilungsgerechtigkeit bewertet werden, da das Einkommen einer Person eine hohe Bedeutung für den individuellen Konsum und Lebensstandard hat (vgl. ARB - G01 Einkommensverteilung o. D.).

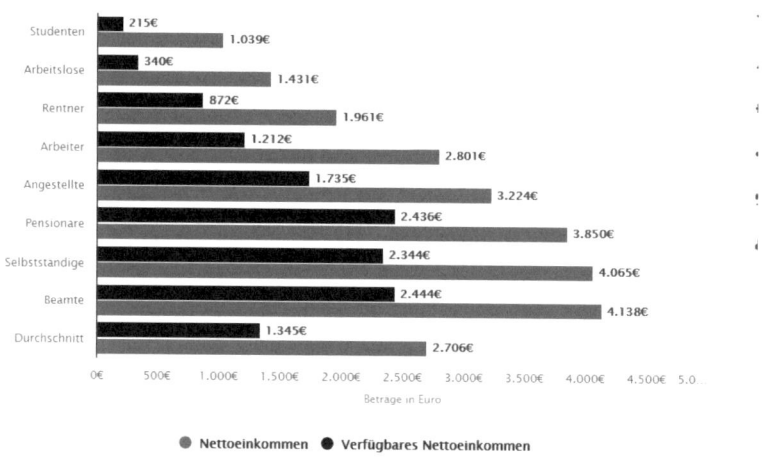

(Abb 1 Statista 2018)

Die Grafik zeigt die Verteilung der Nettoeinkommen im Vergleich mit den verfügbaren Nettoeinkommen privater Haushalte in Deutschland nach sozialer Stellung in Euro.

8

4. Soziale Arbeit

Laut Hammerschmidt richtet sich die Soziale Arbeit an Menschen mit Lebensproblemen. In Form einer sozialen Dienstleistung soll diesen auf Grundlage gesellschaftlichen Interesses und sozialstaatlicher Rahmenbedingungen so geholfen werden, dass sie durch die Bewältigung dieser Probleme gesellschaftlichen (Normalitäts-)Anforderungen entsprechen können (vgl. Hammerschmidt et al. 2019: 13). Zu den gesellschaftlichen (Normalitäts-)Anforderungen, von denen Hammerschmidt hier spricht, gehört auch „Hilfe zur Selbsthilfe" (vgl. SGB I), um gemeinsam mit den Adressat*innen Strategien zu entwickeln, die den sozialen Problemen entgegenwirken.

4.1. Folgen von Armut

Neben sozialer Ausgrenzung, schlechten Wohnverhältnissen oder Obdachlosigkeit gibt es weitere weniger offensichtliche Folgen von Armut. Dazu gehören: Gesundheitsprobleme und beschränkter Zugang zu Gesundheitsleistungen, beschränkter Zugang zu Schul- bzw. Berufsbildung und Freizeitaktivitäten, finanzielle Ausgrenzung und Überschuldung, beschränkter Zugang zu modernen Technologien, wie z. B. Internetdiensten.
In Europa sind zurzeit ca. 19 Millionen Kinder von den Folgen der Armut betroffen. Für sie kommt oft besonders erschwerend das Problem einer mangelnden Ernährung und Kleidung sowie geringerer Bildungschancen hinzu. Ebenso führt die Obdachlosigkeit als Folge von Armut oft wiederum zu weiteren Problemen wie psychische Krankheiten und Abhängigkeiten (vgl. EY2010 / Maßnahmen gegen Armut - Europäisches Jahr 2010).

4.2. Von Armut gefährdete Gruppen

In Kapitel 2.3. wurden bereits unter dem Aspekt des Nettoäquivalenzeinkommens bestimmte Gruppen genannt, die von Armut bedroht oder betroffen sind. Unter dem sozialen Aspekt sind besonders Familien mit Kindern – insbesondere Großfamilien und Familien mit nur einem Elternteil – ältere Menschen, Menschen mit Behinderungen und Migranten betroffen. Sie sind vor allen von niedrigeren Beschäftigungsraten, höheren Schulabbrecherquoten und einer stärkeren finanziellen Ausgrenzung betroffen. Die finanzielle Ausgrenzung zeigt sich unter anderem in der Verwehrung des Zugangs zu Finanzdienstleistungen wie Einlagen- oder Girokonten, Spar-, Kredit-, Versicherungs- und Zahlungsleistungen (vgl. EY2010 / Maßnahmen gegen Armut - Europäisches Jahr 2010).

5. Aspekte für die Soziale Arbeit

In Kapitel 2.3. und 4.2. wurde dargelegt, welche Gruppen von Menschen vom Armutsrisiko betroffen sind. Hier stellt sich die Frage wie die Soziale Arbeit dem entgegenwirken kann.

5.1. Bildung mindert Armutsgefährdung

Ein entscheidender Faktor für das Niveau des Lebensstandards eines Menschen ist sein Bildungsabschluss. Die Chancen für ein gutes Leben erhöhen sich mit dem Erwerb eines hohen Abschlusses. Der Anteil an armutsgefährdeten Menschen ohne Schulabschluss, mit einem Haupt- oder einem Realschulabschluss lag in Deutschland (in der international gültigen Bildungsklassifikation ISCED die Level 0-2) mehr als doppelt so hoch (18,3 Prozent) als der Durchschnitt. Ein Besuch der gymnasialen Oberstufe, berufsbildender oder Weiterbildungsschulen für Erwachsene (ISCED Level 3-4) konnte das Armutsgefährdungsrisiko auf 8 Prozent senken und entsprach damit dem allgemeinen Durchschnitt. Die Risikoquote bei Menschen mit bestandenem Abitur oder einem anderen Abschluss, der zu einem Studium an Universitäten berechtigt (ISCED Level 5-8) lag hingegen mit 4,6 Prozent auf fast der Hälfte des Durchschnitts (vgl. Pressemitteilung Nr. N 008 vom 28. Januar 2021 2021).

5.2. Integrative Arbeitsplätze

Um Menschen aus der Armut zu verhelfen und ihre soziale Integration zu fördern, sind zum einen mehr und zum anderen bessere Arbeitsplätze vonnöten. Gerade die schutzbedürftigsten Gruppen unserer Gesellschaft – alleinerziehende Eltern, Migranten, ältere Menschen, junge Leute, Personen mit einer unzureichenden Schul- und Berufsbildung und behinderte Menschen – sind jedoch diejenigen, für die es am schwierigsten ist, sichere und stabile Arbeitsplätze zu finden. Und hierin liegt das Problem. Zusätzlich sind gerade diese Gruppen am härtesten von den Folgen von Wirtschaftskrisen betroffen, wie wir sie zurzeit in Europa erleben (vgl. Pressemitteilung Nr. N 008 vom 28. Januar 2021 2021).

5.3. Strategie der aktiven Eingliederung

Die EU unterstützt ihre Mitgliedsstaaten dabei, Strategien zur aktiven Eingliederung voranzutreiben, die zum Ziel haben, Armut und soziale Ausgrenzung in Europa zu beenden. Um dieses Ziel zu erreichen, sollen möglichst viele Menschen in den Arbeitsmarkt integriert werden. Außerdem soll denjenigen, die dauerhaft vom Arbeitsmarkt ausgeschlossen sind, ein sinnerfülltes Leben ermöglicht werden, indem ihnen praktische Unterstützung angeboten wird. Die Strategie der aktiven Eingliederung beruht auf drei übergreifenden Grundsätzen:

- Verhinderung sozialer Ausgrenzung durch Bereitstellung einer Einkommensunterstützung in angemessener Höhe
- Personen zu sicheren und dauerhaften Arbeitsplätzen verhelfen, indem integrative Arbeitsmärkte geschaffen werden
- Erleichterung des Zugangs zu qualitativ hochwertigen Dienstleistungen, wie zum Beispiel Wohngeld, Gesundheitsleistungen und Kinderbetreuungseinrichtungen (vgl. Pressemitteilung Nr. N 008 vom 28. Januar 2021 2021).

Aufgabe der Sozialen Arbeit ist es, potentiellen Klient*innen den Zugang zu diesen Eingliederungsstrategien zu ermöglichen, indem sie darüber informiert und auch praktische

Hilfe z.B. bei der Beantragung von Leistungen anbietet. Im folgenden Kapitel wird dies lebensnah veranschaulicht.

5.4. Praxisbeispiel Familienzentrum XX

Das Familienzentrum XX liegt in einem sozialen Brennpunkt in Hannover. Täglich werden 80 Kinder aus über 30 verschiedenen Nationen in vier Gruppen betreut. Der Focus der Arbeit richtet sich auch stark auf ihre Eltern und ihre erweiterte Familie. Die Herausforderungen liegen in der ohnehin hohen Arbeitslosenquote im Stadtteil und in der Langzeitarbeitslosigkeit vieler Eltern. Die wenigsten von ihnen haben eine abgeschlossene Ausbildung oder einen Schulabschluss. Die Folgen davon sind vermehrte Drogenabhängigkeit, Spielsucht, Alkoholismus, Schulden (Zwangsräumung, Abschalten des Stroms), Beschaffungskriminalität, Depression usw. Es entwickelte sich die Vision, Arbeitslosigkeit im Stadtteil abzubauen, damit die Eltern und Kinder eine Chance bekommen und der Kreislauf durchbrochen wird. Unter dem Titel *Eltern bilden, Kinder stärken – Perspektiven von Anfang an* entstand ein Elterncafé, in dem niedrigschwellig eine Beziehung und Vertrauen zu den Eltern aufgebaut werden kann. Zusätzlich wurde ein Elternstammtisch ins Leben gerufen, bei dem die Bedarfe für zukünftige Seminare ermittelt werden. Es finden regelmäßig Elternseminare mit folgenden Zielsetzungen statt: Hilfe zur Selbsthilfe, Lernen einen Termin wahrzunehmen – Verbindlichkeit, sich zu bilden, sich zu beteiligen, sich in einer Gruppe auseinanderzusetzen, Stärkung der Ich-Identität, Stärkung des Selbstwertgefühls. Zudem gibt es eine hervorragende Vernetzung mit dem Job-Center und anderen Netzwerkpartnern. Innerhalb eines Jahres sind schon Erfolge des Konzeptes sichtbar:

- Wir haben uns 2018 mit diesem Projekt in Berlin beim Bundesvorstand der Johanniter-Unfall-Hilfe e.V. beworben „Leuchtturm der Integration" und haben dafür eine Finanzierung von 87.000 € erhalten.
- Wir haben dieses Projekt mittlerweile in unserem Konzept verankert und uns damit bei der Stadt Hannover beworben und wurden 2019 zum Familienzentrum ernannt.

- Ein somalischer Vater hat seinen Schulabschluss geschafft – im gleichen Jahr ist sein Sohn in die 1. Klasse gekommen (was für ein Vorbild!).
- Drei Mütter haben eine Berufsausbildung begonnen.
- Eine Mutter geht das erste Mal einer Arbeit nach (kein Job Center Bescheid mehr) und hat ein eigenes Bankkonto.
- Wir haben bei uns im Familienzentrum eine Mitarbeiterin über § 16i SGB II (Teilhabe am Arbeitsmarkt) eingestellt.

6. Fazit

Der Sozialstaat hat die verfassungsgemäße Aufgabe, soziale, personenbezogene Dienstleistungen zur Daseinsvorsorge und –Fürsorge zu gewährleisten. Chancengleichheit, sozialen Ausgleich und Schutz vor sozialen Risiken sind Bereiche, für die auf Grundlage von Gesetzen gesorgt werden soll. Die gesetzlichen Grundlagen sind in der Sozialgesetzgebung geschaffen, somit sind die Ziele für die Soziale Arbeit klar formuliert.

Wie das Beispiel des Familienzentrums XX zeigt, gibt es Möglichkeiten Armutsrisikogruppen kompetent mit dem Ziel begegnen zu können, aus dieser Not herauszukommen, um sich zu einer eigenständigen, selbstbestimmten und eigenverantwortlichen Person (SGB 1 Abs. 1) entwickeln zu können.

7. Lernreflexion

„Vom Helfen aus dem Armenwesen über die Säkularisierung des Helfens entwickelte sich die heutige professionelle Hilfe auf dem Fundament des Sozialrechts, eingebettet in eine Institution." (Vanessa Baum ;))

Literatur

ARB - G01 Einkommensverteilung (o. D.): Bundesministerium für Arbeit und Soziales, (online) https://www.armuts-und-reichtumsbericht.de/DE/Indikatoren/Gesellschaft/Einkommensverteilung/einkommensverteilung.html (abgerufen am 13.11.202)].

Armut (o. D.): Bundesministerium für wirtschaftliche Zusammenarbeit und Entwicklung, (online) https://www.bmz.de/de/service/lexikon/armut-14038 (abgerufen am 13.11.2021).

Armut verletzt Menschenrechte | Amnesty International Österreich (o. D.): Amnesty International, (online) https://www.amnesty.at/themen/wirtschaftliche-soziale-und-kulturelle-rechte/armut-verletzt-menschenrechte/?gclid=EAIaIQobChMImsDWncKV9A-IVSKjVCh2rIgoREAAYASAAEgLHLvD_BwE (abgerufen am 13.11.2021).

Böhnke, Petra (2002): Armut und soziale Ausgrenzung im europäischen Kontext /APuZ, bpb.de, (online) https://www.bpb.de/apuz/26813/armut-und-soziale-ausgrenzung-im-europaeischen-kontext?p=all (abgerufen am 13.11.2021).

EY2010 | Maßnahmen gegen Armut - Europäisches Jahr (2010): © copyright 2009 eyapse, (online) https://ec.europa.eu/employment_social/2010againstpoverty/about/tackling_de.htm#question6 (abgerufen am 22.12.2021).

Hammerschmidt, Peter/Kirsten Aner/Sascha Weber (2019): Zeitgenössische Theorien Sozialer Arbeit, 2., Weinheim, Deutschland: Beltz Verlag

Höltgen, David (2021): Armut - weltweit auf dem Rückzug?, Neven Subotic Stiftung, (online) https://nevensuboticstiftung.de/blogs/absolute-armut-weltweit-auf-dem-ruckzug?gclid=EAIaIQobChMIjeTqtf3q9AIVB41oCR2nogc9EAAYAiAAEgJSJPD_BwE [abgerufen am 17.12.2021].

Pressemitteilung Nr. N 008 vom 28. Januar 2021 (2021): Statistisches Bundesamt, (online) https://www.destatis.de/DE/Presse/Pressemitteilungen/2021/01/PD21_N008_634.html (abgerufen am 17.12.2021).

Rudnicka, J. (2021): Statistiken zur Armut in Deutschland, Statista, (online) https://de.statista.com/themen/120/armut-in-deutschland/#dossierKeyfigures (abgerufen am 30.11.2021).

Sascha Günther (2015): Ganzheitlicher Ansatz gegen Armut und soziale Ausgrenzung, caritas.de, (online) https://www.caritas.de/neue-caritas/heftarchiv/jahrgang2015/artikel/ganzheitlicher-ansatz-gegen-armut-und-soziale-ausgrenzung (abgerufen am 21.12.2021).

Vandenhoeck & Ruprecht Verlage (2019): Sozialwirtschaft – was ist das?, Vandenhoeck & Ruprecht Verlage, (online) https://www.vandenhoeck-ruprecht-verlage.com/sozialwirtschaft (abgerufen am 22.12.2021).

Abbildungsverzeichnis

Abb. 1 Statista (2018): Nettoeinkommen und verfügbares Nettoeinkommen in Deutschland, Statista, (online) https://de.statista.com/statistik/daten/studie/5742/umfrage/nettoeinkommen-und-verfuegbares-nettoeinkommen/ (abgerufen am 23.12.2021).